CATALOGUE

D'ESTAMPES

ANCIENNES

Parmi lesquelles on remarque un

BEL ŒUVRE COMPLET D'ADRIEN VAN OSTADE

FORMANT LA COLLECTION

De feu M. le Prince Grégoire SOUTZO

DONT LA VENTE AUX ENCHÈRES PUBLIQUES AURA LIEU

HOTEL DES COMMISSAIRES-PRISEURS

RUE DROUOT, 5, SALLE N° 6

AU PREMIER ÉTAGE

Les Jeudi 17 et Vendredi 18 Mars 1870

A DEUX HEURES PRÉCISES

Me **DELBERGUE-CORMONT**, Commissaire-Priseur,
rue de Provence, 8,

Assisté de MM. **DANLOS** Fils et **DELISLE**, M^{ds} d'Estampes,
quai Malaquais, 1.

EXPOSITION AVANT LA VENTE

DE UNE HEURE A DEUX HEURES

PARIS — 1870

CONDITIONS DE LA VENTE

Elle sera faite au comptant.

Les Acquéreurs paieront CINQ POUR CENT, en sus du prix d'adjudication.

ORDRE DES VACATIONS

PREMIÈRE VACATION........ Nᵒˢ 1 à 180
DEUXIÈME VACATION........ 181 à la fin.

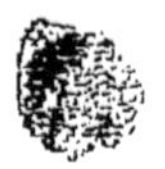

DÉSIGNATION

1 **Aldegrever** (H.). Suzanne au bain (B. 30.) Très-belle ép.

2 — Sujets de l'histoire d'Ammon et Thamar. — Sujets de l'histoire de Joseph. 5 p.

3 **Alberti** (Ch.). Le Christ mort, d'ap. Michel-Ange (B. 23). Belle ép.

4 — Saint Jérôme, d'ap. Michel-Ange. (B. 54). Très-belle ép.

5 **Anonyme.** Essais à l'eau-forte. 8 p.

6 **Bella.** (Et. della). Marines. Suite de huit estampes. Très-belles ép. du 1er état.

7 **Bloteling** (A.). Études de lions, d'ap. Rubens. Suite de quatre estampes. Très-belles ép. du 1er état.

8 **Boissieu** (J.). Vue du Sépulcre de Cecilla Metella (R. 35). Superbe ép. du 1er état avant la lettre et avant les armes.

9 — Les Pères du désert, paysages, etc. 8 p.

10 **Bolswert** (B.-A.). Sainte Barbe, d'ap. Rubens. Très-belle ép.

11 — Marine, d'ap. Van Artevelt. Très-belle ép.

12 — Paysage, d'ap. Teniers. Belle ép. avant la lettre.

13 — Cinq petits paysages, d'ap. Rubens. Belles ép.

14 **Bonasone** (J.). Scipion blessé, d'ap. Polydore de Caravage (B. 84). Très-belle ép.

15 — Saint Roch (B. 70). Silène (88). 2 p., belles ép.

16 — Clélie, Bacchus sur un char, le dieu Pan, la Bataille au coutelas, par A. Vénitien. 4 p.

17 **Bosse** (A.). La Vue, la Noce de village, Louis XIII en hercule, un sujet des Vierges sages. 4 p.

18 **Both** (J.). Deux Paysages en hauteur, quatre en largeur. Ensemble 6 estampes. Anciennes ép.

19 **Callot** (J.). Le Christ, la Vierge et les Apôtres (M. 104 à 119). 16 p. Belles ép. avant les numéros.

20 — Les Misères et les Malheurs de la Guerre. Suite de dix-huit estampes (M. 564 à 581). Très-belles ép. avec grandes marges.

21 — Les trois Pantalons (M. 627 à 629). Suite de trois estampes. Belles ép.

22 — Sujets divers. 18 p.

23 **Canaletti** (Ant.). Vues de Venise. 27 p. Belles ép.

24 **Cantarini** (S.). Adam et Ève (B. 1). — La Vierge et l'enfant Jésus (18). — La Fortune (25). 3 p., belles ép.

25 **Caraglio** (J.). La Bataille au bouclier, d'ap. Raphaël (B. 59). Très-belle ép.

26 **Chaperon** (N.). Les Loges, d'ap. Raphaël. Suite de cinquante-deux pièces. Manquent les nos 5 et 17.

27 **Cranach** (L. de). Adam et Ève (B. 1). Belle ép.

28 — Saint Jérôme en pénitence (B. 63). Belle ép.

29 **Desnoyers**. Les trois Vertus théologales, d'ap. Raphaël. Belles ép. avec le cachet.

30 **Dughé**, et autres. Paysages. 12 p.

31 **Dujardin** (K). Les deux Anes (B.   ). Belle ép. avant le numéro. Il y a un trou en haut de la gauche de l'estampe.

32 — Les trois Cochons (B. 8). — Les quatre Montagnes (18). 2 p. Anciennes ép.

33 **Durer** (A.). La Vierge à la poire (B. 41). Très-belle ép.

34 — Saint Jérôme en pénitence (B. 61). Belle ép.

35 — La Petite Fortune (B. 78). Très-belle ép.

36 — Le Petit Courrier (B. 80). Belle ép.

37 — Le Grand Cheval (B. 97).

38 — Le Cardinal de Mayence (B. 103). Copie.

39 — Frédéric de Saxe (B. 104). Belle ép.

40 — Bilibald. Pirkheimer (B. 106). Belle ép.

41 — Portrait d'Érasme (B. 107). Épreuve ancienne.

42 — Sujets de la vie de la Vierge (B. 87 et 95). 2 p., belles ép.

43 — Sainte Famille (B. 97). — Hérodiade (126). 2 p., belles ép.

44 — Sainte Madeleine transportée au ciel (B. 121). Très-belle ép.

45 **A. Durer** et **L. de Leyde**. Le Branle, sujets de la Passion. — Le Christ et les Apôtres, etc. 21 p.

46 **Dyck** (Ant. Van). Guillaume de Vos. Très-belle ép. avec les initiales G. H.

47 **Dyck** (Ant. Van, d'ap.). Jordaens, par P. de Jode. Très-belle ép. du 2e état.

48 — Jean comte de Tilli, par P. de Jode. Belle ép. du 2e état.

49 Don Alvar de Bazon, par P. Pontius. — Comte de Wallenstein, par P. de Jode. Belles ép. avec l'adresse de Martin Van den Enden.

50 — Marie de Médicis, par P. Pontius. Belle ép. du 2e état.

51 — Scaglia (César-Alexandre), par P. Pontius. Très-belle ép. du 2e état.

52 — Nicolas Fabrice de Peirese, par L. Vosterman. Très-belle ép. du 1er état.

53 — Th. Galle, par L. Vosterman. — Urancx, par Bolswert. 2 p. Ép. du 2e état.

54 — Thomas Willeboirts Bosschaerts, par un anonyme. Très-belle ép. du 1er état.

55 — Jacques Hamilton, par Lisebetius. Très-belle ép. du 1er état.

56 — Gaspard Gevaerts, par Pontius, — J. Lipse, par Bolswert. 2 p., belles ép.

57 — Van der Lamen, — Aubert Miræus, — Pierre de Jode, — Jean comte de Nassau, — Van Dyck. 5 portraits. Belles ép.

58 — Frédéric Marselaer, par A. Lommelin. — Gérard Seghers, par Vosterman. 2 p., belles ép.

59 — J. de Wael, — Corneille de Vos, — Simon de Vos, — A. Stalbent. 4 portraits, belles ép.

60 **Dyck.** Duc d'Aremberg,—Béatrice de Cusance,
— K. Digbi, — J. de Wael,— Van der Ee. 5 por
traits, belles ép.

61 — Eaux-fortes, par Waterloo.—Beich, Louther-
bourg, etc. 23 p.

62 **École Allemande.** 6 p., par Aldegrever et
G. Pentcz.

63 — 16 p., par Aldegrever, Beham, G. Pentcz, etc.

64 **Écoles Flamande et Hollandaise.** Compositions, par Goltzius, Saenredam et autres.
23 p.

65 **École Hollandaise.** Animaux, par Marc de
Bye, d'ap. Berghem et P. Potter. 34 p.

66 — Sujets d'animaux, par Berghem, Stoop,
Bocl, etc. 19 p.

67 **École Italienne.** 6 p., par Marc-Antoine,
A. Vénitien, M. de Ravenne, etc.

68 — 7 pièces, par le Maître au Dé, E. Vico et Ca
raglio.

69 — Compositions d'ap. Raphaël, Polydore de Caravage, le Rosso, etc. 27 p.

70 — Eaux-fortes, par Baroche, Cantarini. Parme-
san, Tiépolo, etc. 13 p.

71 **Edelinck** (G). Combat des quatre Cavaliers,
d'ap. L. de Vinci (R. D. 44). Belle ép.

72 — Ferdinand, évêque de Paderborn (R. D.).
Belle ép.

73 **Everdingen** (A. Van). Deux petits Paysages
(B. 13 et 29). Belles ép.

74 **Farinati** (P.). Saint Jean l'Évangéliste (B. 3).
— Les Anges portant la Croix (5). — La Renom-
mée, par Sirani. 3 p., belles ép.

75 **Franco** (B.). Melchisédech offrant des présents
à Abraham (B. 16). Belle ép. avant la lettre.

76 **Frey** (J. de). Les Syndics de la halle aux draps
en l'an 1661. Belle ép. avant la lettre.

77 — Homme coiffé d'un chapeau, d'ap. Drost.
Très-belle ép.

78 **Gellée** (Claude) dit **Le Lorrain**. L'Appari-
tion (2). Belle ép. du 2ᵉ état.

79 — Le Passage du gué (3). Belle ép.

80 — La Tempête (50).

81 — Le Naufrage (7). Très-belle ép.

82 — La même estampe. Belle ép.

83 — Le Bouvier (8). Belle ép.

84 — Le Dessinateur (9). Très-belle ép.

85 — La même estampe. Belle ép.

86 — Le Port de mer au fanal (11). Belle ép.

87 — La même estampe.

88 — Les Brigands (12). Belle ép.

89 — La même estampe.

90 — Le Port de mer à la grosse tour (13). Très-
belle ép.

91 — La même estampe.

92 — Le Pont de bois (14). Très-belle ép.

93 — La même estampe.

94 — Le Soleil couchant (15), avec deux copies.

95 — Le Départ pour les champs (16). Belle ép.

96 **Gellée** (Claude), dit **Le Lorrain**. Mercure et Argus (17). Très-belle ép. du 1er état.

97 — La même estampe. Ép. du 2e état.

98 — Berger et Bergère conversant (21). Très-belle ép. du 2e état.

99 — La même estampe. Ép. du 4e état.

100 — L'Enlèvement d'Europe (22). Très-belle ép.

101 — La même estampe.

102 — Le Campo-Vaccino (R. D. 23), Belle ép.

103 — Le Pâtre et la Bergère (25). Belle ép.

104 — Les quatre Chèvres (27). Belle ép.

105 — Les Brigands, le Port de mer, le Campo-Vaccino, Berger et Bergère conversant, l'Enlèvement d'Europe, le Naufrage, la Tempête. 7 p.

106 — Le Troupeau en marche, le Pont de bois, la Danse sous les arbres, Berger et Bergère conversant, le Naufrage, la Tempête. 6 p.

107 **Géricault**. Son portrait par L. Coignet. Étude de Chevaux, Lara, le Giaour, Mazeppa, Charge de cavalerie, etc. 33 p.

108 — Deux Chevaux promenés par un jockey, Cheval noir, le Maréchal-Ferrant, deux Chevaux pommelés. 4 p., anciennes ép.

109 — Grandes Lithographies publiées chez Gihaut. 12 p.

110 **Gheyn** (J. de). Le Credo, d'ap. K. Van Mander. Suite de treize estampes. Belles ép.

111 — Officier tenant une hallebarde. Très-belle ép. rognée.

112 **Ghisi** (J.-B.). Le Guerrier au drapeau (B. 16). Belle ép.

113 **Ghisi** (G.). Marius dans les prisons de Minturnes (B. 26). Très-belle ép.

114 — Hercule debout (B. 41). Très-belle ép.

115 **Ghisi** (D.). La Victoire (B. 34). Belle ép.

116 — Taureau offert en sacrifice à la statue de Jupiter (B. 86). Belle ép. du 1er état.

117 **Ghisi** (es). Cupidon et Psyché, Mars, Vénus et l'Amour, Vénus blessée, etc. 12 p.

118 **Goltzius** (H.). La Vierge pleurant sur le corps de Jésus-Christ. Belle ép.

119 — Sainte Madeleine priant dans le désert (B. 58). Belle ép.

120 — Les Muses. Suite de neuf estampes (B. 146 à 154). Belles ép. du 1er état.

121 — Portrait de J. Zurénus (B. 189). Belle ép.

122 — Mme de la Faille (B. 213). Belle ép.

123 — Les principaux Dieux grecs. Suite de huit estampes (B. 249 à 256).

124 **Laar** (P. de). Les Chevaux (B. 2). — Les Cochons et les ânes (4). — Les Chiens. (6). 3 p. Très-belles ép.

125 **Lasne** (M.). Gaston de Foix, d'ap. Raphaël. Belle ép.

126 **Mauperché** (M.). Paysages (R. D. 1, 2, 21, 22. 24, 27). 7 p. Très-belles ép. du 1er état.

127 **Maître au Dé**. Sujets de l'Histoire d'Apollon et Daphné (B. 19 et 22). 2 p. Très-belles ép.

128 — Les Tapisseries du Pape, d'ap. Raphaël (B. 32 à 35). Suite de quatre estampes. Belles ép.

129 **Marcenay** (A. de). Commencement d'orage. d'ap. Rembrandt. Belle ép. avant la lettre.

130 **Mellan** (Cl.). Sujets de sainteté, frontispice, etc. 10 p. Belles ép.

131 **Morin** (J.). La Vierge adorant l'Enfant Jésus d'ap. le Titien. (R. D. 15). Belle ép.

132 — Saint Paul, d'ap. Ph. de Champaigne (R. D. 24. Belle et ancienne ép.

133 — Louis XI, roi de France (R. D. 63). Très-belle ép.

134 — Quatre Paysages d'ap. Fouquières (R. D. 96, 97, 98 et 105). Belles ép.

135 **Moucheron** (J.). Paysages d'ap. G. Poussin. 10 p. Très-belles ép.

Œuvre d'Adrien Van OSTADE

136 Ostade, vu de face et coiffé d'un chapeau. Morceau en manière noire, d'ap. Ostade, par J. Gole. Très-belle ép.

136 *bis*. Ostade vu à mi-corps. Il est en perruque et en manteau. Morceau en manière noire d'ap. C. Dusart, par J. Gole. Très-belle ép.

137 Ostade, gravé d'ap. lui-même, par Coclers. Très-rare ép. d'essai.

138 La même estampe. Très-belle ép. avant toutes lettres.

139 Paysan avec une petite toque noire (B. 1). Première et très-belle ép. avant le trait carré
et les initiales du maître.

140 La même Estampe. Très-belle ép. du même état
que la précédente.

141 Paysanne qui rit (2). Première et belle ép. avant
le trait carré et les initiales du maître.

142 La même Estampe. Belle épreuve du même état
que la précédente.

143 Les deux mêmes Estampes. Belles épreuves,
plus une copie. 3 p.

144 — Paysan avec un bonnet pointu. (B. 3). Première et très-rare épreuve d'eau-forte pure
avant le trait carré. (Collections J. Barnard
et Dreux).

145 La même Estampe. Belle ép. avant divers travaux.

146 Paysan qui rit (B. 4). Sup. ép. avec le fond noir.

147 La même Estampe. Belle ép. avec le fond noir et
avant divers changements.

148 La même Estampe. Belle ép.

149 Le Fumeur (B. 5). Très-belle ép.

150 La même Estampe. Belle ép.

151 Le Fumeur riant (B. 6). Très-belle ép. avec
les traces du grattoir apparentes.

152 Le Boulanger sonnant du cor (B. 7). Belle ép.

153 La même Estampe.

154 Le Vieilleur (B. 8). Superbe ép. avec la bordure
faible. Elle a une petite marge.

155 La même Estampe. Très-belle ép.

156 La même Estampe. Belle ép.

157 L'Homme appuyé sur le bas de sa porte (B. 9).
Très-belle ép. avec la tache autour de la bouche
très-apparente.

158 La même Estampe. Belle ép.

159 Le Fumeur à la fenêtre (B. 10). Sup. ép. avant
divers travaux ajoutés depuis au burin.

160 La même Estampe. Belle ép.

161 La Tendresse champêtre (B. 11). Sup. ép.
tirée avant divers travaux ajoutés depuis au
burin ; le chapeau de l'homme se detache à
peine du fond. Elle a une grande marge. Très-
rare à trouver dans une aussi parfaite condition.

162 La même Estampe. Très-belle épreuve du même
état que la précédente.

163 La même Estampe. Belle ép.

164 La même Estampe.

165 L'Homme et la Femme causant ensemble (B. 12).
Première et sup. ép. tirée avec la bordure faible
et avant divers travaux, notamment les tailles
perpendiculaires sur l'habit et la main gauche
de l'homme vu de face. Elle a une petite
marge.

166 La même Estampe. Belle ép. avant que le
trait carré n'ait été renforcé au burin.

167 La même Estampe.

168 Les Fumeurs (B. 13). Très-belle épreuve tirée
avant que le coin du haut, à droite, ait été ter-
miné.

169 La même Estampe. Belle ép.

170 La Mère et les deux enfants (B. 14). Très-belle
ép. tirée avant les tailles diagonales sur le fond,
au-dessous du bras droit de la femme, et avant
le travail au burin et a la pointe sèche, produisant l'effet de la manière noire.

171 La même Estampe. Belle ép. tirée avant les travaux additionels et avant les contretailles sur la
joue droite de la mère.

172 La même Estampe. 2e ép.

173 La même Estampe. Belle ép. du même état que
la précédente.

174 La même Estampe. 3 ép.

175 La Cruche vide (B. 15). Très-belle ép. tirée
avec le travail très-serré à la pointe sèche, produisant l'effet de la manière noire, mais avant
que le quatrième pied de la table ait été for-
tement exprimé. Elle a de la marge.

176 La Poupée demandée (B. 16). Sup. ép. tirée avant
quelques travaux ajoutés entre les tailles diagonales, au bord gauche supérieur.

177 La même Estampe. Belle ép.

178 L'École (B. 17). Première et très-belle ép. tirée
avant le travail à la pointe sèche, produisant
l'effet de la manière noire. La marge inférieure
de la planche est couverte de salissures.

179 La même Estampe. Très-belle épreuve du même
état que la précédente.

180 La même Estampe.

181 Le Coup de couteau (B. 18). Sup. et très-rare ép.
La bordure est faible et elle est avant beaucoup
de travaux.

182 La même Estampe. Très-belle ép. avec le trait carré renforcé, mais avant beaucoup de travaux, notamment les tailles diagonales sur la partie ombrée de l'homme qui cherche à retenir les combattants.

183 La même Estampe. Belle épreuve du même état que la précédente.

184 La même Estampe. Belle ép.

185 Les Harangueurs (B. 19). Sup. ép. avant divers travaux et avant le trait échappé sur le nez de l'homme placé au-dessus du lecteur. Elle est d'un ton très-vigoureux et dans une parfaite condition.

186 La même Estampe. Belle ép. du même état que la précédente.

187 La même Estampe.

188 Gueux au dos courbé (B. 20). Très-belle ép.

189 Gueux debout, les mains derrière le dos (B. 21). Sup. et première ép. avant le trait carré. Elle a une petite marge.

190 La même Estampe. Très-belle ép. tirée avant les travaux repris au burin dans les parties ombrées.

191 La même Estampe. Belle ép.

192 — Gueux enveloppé de son manteau (B. 22). Sup. et première ép. avant le trait carré. Elle a une petite marge.

193 — La même estampe. Très-belle ép. avant les travaux à la pointe sèche sur l'épaule du personnage.

194 — La Grange (B. 23). Sup. ep: tirée avant divers travaux, notemment les contre-tailles sur la partie ombrée de la poutre. Elle a une petite marge. Très-rare en aussi parfaite condition.

195 — La même estampe. Très-belle ép.

196 — La même estampe. Belle ép.

197 — Homme et Femme marchant ensemble (B. 24). Première et sup. ép. avant le trait carré. Très-rare.

198 — La même estampe. Belle ép.

199 — La même estampe. Belle ép.

200 — Le Fumeur et le Buveur (B. 24 R.). Très-belle ép. à l'eau-forte pure.

201 — La même estampe. Belle épr. du même état que la précédente.

202 — La même estampe. Belle ép. avant le trait carré renforcé et avant divers travaux.

203 — La même estampe. Deux ép.

204 — La Devideuse à la porte de sa maison (B. 25). Très-belle ép. avant divers travaux, notamment au-dessus du genou gauche de la femme.

205 — La même Estampe. Belle ép. du même état que la précédente.

206 — La même estampe. 2 ép.

207 — Les Pêcheurs (B. 26). Très-belle ép. avant divers travaux au burin et avant que le trait carré ait été renforcé.

208 — La même Estampe. Belle ép. du même état que la précédente.

209 — Le Savetier (B. 27). Très-rare et superbe ép., avant un grand nombre de travaux et avant que le trait carré ait été renforcé.

210 — La même Estampe. Très-belle ép. avant divers travaux, notamment le travail très-serré à la pointe sèche, produisant l'effet de la manière noire, dans les parties ombrées et avant les deux tailles diagonales, sur la pierre que l'on voit derrière le balai. Elle a de la marge.

211 — La même Estampe. Très-belle ép. tirée avant la continuation de la treille.

212 — La même Estampe. Belle ép. du même état que la précédente.

213 — La même Estampe.

214 — Trois Figures grotesques (B. 28). Très-belle ép., tirée avant divers travaux.

215 — La même Estampe. 2 ép.

216 — Le Marchand de Lunettes (B. 29). Belle ép., tirée avant le travail très-serré à la pointe sèche, produisant l'effet de la manière noire.

217 — La même Estampe.

218 — La Chanteuse (B. 30). Très-belle ép.

219 — La même Estampe. Belle ép.

220 — La Fileuse (B. 31). Très-belle ép. avec le trait carré légèrement exprimé.

221 — La même Estampe. Belle ép. du même état que la précédente.

222 — La même Estampe.

223 — Le Peintre (B. 32). Très-belle et rare ép., avant que le bonnet du peintre ait été diminué, et avant les mots *et excud.* après le nom de l'artiste.

224 — La même estampe. Sup ép. avec le bonnet diminué, mais avant divers travaux.

225 — La même estampe. Belle ép.

226 — Le Père de Famille (B. 33). Sup. et première ép. avant que le trait carré ait été renforcé. Très-rare.

227 — La même Estampe. Très-belle ép. avec le trait carré renforé, mais avant que le léger travail à la pointe sèche ait disparu.

228 — La même Estampe.

229 — Le Bénédicité (B. 34). Première et sup. ép. avant que la tête du paysan ait été couverte d'une calotte. Très-rare.

230 — La même Estampe. Très-belle ép. tirée avant que le mur, derrière la tête du paysan ait été raccordée, et avant un grand nombre de travaux exécutés depuis. Elle a une belle marge.

231 — La même Estampe. Belle ép. du même état que la précédente.

232 — La même Estampe.

233 — L'Epouilleuse (B. 35). Sup. ép. Rare.

134 — L'Emouleur (B. 36). Très-belle et première ép., tirée avant que le trait carré ait été renforcé, avant le travail à la pointe sèche, notamment sur un des rais de la roue.

235 La même Estampe. Belle ép. du même état que la précédente.

236 — La même Estampe.

237 — L'Homme conversant avec la Femme (B. 37). Sup. et première ép. d'eau-forte pure, avant que partie du contour du chapeau, du manteau et de la jambe droite de l'homme n'ait été indiqué. Très-rare.

238 — La même Estampe. Très-belle ép. avant que le trait carré ait été renforcé, mais avec le contour du molet de la jambe droite de l'homme, celui du bord du chapeau et celui du manteau, légèrement indiqués par une taille très-fine.

239 — La même Estampe. Belle ép. avec le trait carré renforcé, mais avant les contretailles sur la cuisse de l'homme, au-dessous de son manteau.

240 — Les Musiciens ambulants (B. 38). Très-belle épreuve.

241 — La même Estampe. Belle ép.

242 — Le Tric-Trac (B. 39). Très-belle et rare ép. à l'eau-forte pure.

243 — La même Estampe. Belle ép.

244 — Les deux Commères (B. 40). Très-belle. ép. avant avec le trait échappé très-apparent.

245 La même Estampe. Belle ép.

246 Le Charcutier (B. 41). Très-rare et sup. ép. à l'eau forte pure, avec la bordure très-légèrement indiquée et le ciel non raccordé.

247 La même Estampe. Très-belle ép. poussée à l'effet, mais avant divers travaux, notamment les tailles horizontales sur le poteau qui contient la treille.

248 La même Estampe. Belle ép. du même état que la précédente.

249 La même Estampe.

250 Le Paysan payant son écot (B. 42). Très-belle ép. poussée à l'effet avec le travail très-serré à la pointe sèche, dans les parties ombrées, mais avant divers autres travaux, notamment les tailles perpendiculaires au-dessous du banc, derrière la femme.

251 La même Estampe. Belle ép. du même état que la précédente.

251 *bis*. La même Estampe.

×252 Le Charlatan. (B. 43). Très-rare et sup. ép. à l'eau-forte pure, avant la bordure et les changements. On voit dans le fond, à gauche, un homme et un jeune garçon en marche, et au-delà une chaumière.

×253 La même Estampe. Très-belle ép., tirée avec les changements, mais avant les travaux à la pointe sèche, produisant l'effet de la manière noire. Elle a une grande marge.

254 La même Estampe. Belle ép. du même état que la précédente.

255 La même Estampe.

256 Le Joueur de violon bossu (B. 44). Très-belle ép. tirée avant divers travaux, notamment le travail à la pointe sèche. produisant l'effet de la manière noire.

257 La même Estampe. Très-belle épreuve du même état que la précédente.

258 La même Estampe.

×259 Le Violon et le petit Vielleur (B. 45). Très-rare et sup. ép. avant un grand nombre de travaux, principalement les contre-tailles diagonales sur l'homme assis devant la porte de la maison, et sur le terrain entre cet homme et le tonneau.

×260 La même Estampe. Très-belle ép. avant les contre-tailles diagonales, mais avant le travail à la pointe sèche produisant l'effet de la manière noire dans les parties ombrées.

261 La même Estampe. Belle ép. du même état que la précédente.

262 La Famille (B. 46). Très-rare et sup. ép. à l'eau-forte pure. Les trois dégrès de l'escalier au milieu du fond, sont presque entièrement blancs, et le trait carré est très-légèrement indiqué. (Cabinet Dreux.)

263 La même Estampe. Belle ép.

234 La Fête sous la treille (B. 47). Très-rare et sup. ép. avant que le trait carré ait été renforcé au burin, et avant divers autres travaux, notamment les contre-tailles obliques sur le pignon de la maison, derrière la femme qui danse.

265 La même estampe. Très-belle ép. avec le trait carré renforcé au burin, mais avant tous les autres travaux ajoutés depuis.

266 La même Estampe. Belle ép. avec les travaux additionnels, mais avant que les tailles et les contre-tailles n'aillent jusqu'au trait carré de droite.

267 La même Estampe. Belle ép.

268 La Fête sous le grand arbre (B. 48). Sup. ép.

269 La même Estampe. Très-belle ép.

270 La même estampe.

271 La Danse au cabaret (B. 49). Sup. ép., avec la bordure faible et avant beaucoup de travaux.

272 La même Estampe. Sup. ép. du même état que la précédente. Elle est rognée au trait carré.

273 La même Estampe. Belle ép.

274 Le Goûté. (B. 50). Très-belle ép., tirée avant beaucoup de travaux, notamment sur le bonnet de la petite fille, le coussin de la chaise de l'homme qui est debout, avant les contre-tailles sur la porte de la cave, et avec la bordure faible. Très-rare.

275 La même Estampe. Très-belle ép. du même état que la précédente. Elle est rognée au trait carré et la marge du bas est coupée.

276 La même Estampe. Belle épreuve.

277 Le Paysan lachant de l'eau. Belle ép. du premier état.

278 Intérieur Flamand. Pièce douteuse.

279 **Oudry** (J.-B.). Le Chevreuil forcé (R. D. 2). Belle ép.

280 **Pentez** Suzanne et les Vieillards (B. 26). Très-belle ép.

281 **Pérignon** (M.). Suite de trente-six Paysages divisés en six cahiers de six pièces. Très-belles ép. avant les lettres alphabétiques.

282 **Potter** (P.). Le Berger (B. 15). Belle ép.

283 **Pontius** (P.). L'Enfant Jésus appuyé sur la boule du monde, d'ap. Van Dyck. Belle ép.

284 **Quarts** (P. dé). Gueux, gravés dans le goût de Callot. 10 p.

285 **Raimondi** (Marc-Antoine), **Vénitien** (A.) et **Marc de Ravenne**. Saint Jérôme au petit lion, d'ap. Raphaël (B. 103). Belle ép.

286 — Saint Michel, d'ap. Raphaël (B. 106). Belle épreuve.

287 Les quatre Bas-Reliefs tirés de la colonne Trajane (B. 202 à 205). Belles ép. avant l'adresse d'Ant. Salamanca.

288 — Le Jugement de Pâris, d'ap. Raphaël (B. 246). Très-belle ép.

289 — Danse de Faunes et de Bacchantes (B. 250). Belle ép.

290 — Le jeune et vieux Bacchant, d'ap. Raphaël (B. 294). Les deux Femmes au zodiaque (B. 397). 2 pièces.

291 — La Peste, d'ap. Raphaël (B. 314).

292 — Les Trois Grâces (B. 340). Elle est restaurée et doublée.

293 — Hercule étouffant Anthée, d'ap. Raphaël (B. 346). Elle est doublée.

294 — Le Jeune homme au brandon (B. 360).

295 — Le *Quos ego*. (B. 362). Partie du milieu de l'estampe.

296 — Les deux Armées en bataille (B. 415). Belle ép. Elle est tachée.

297 — Empereur romain assis (B. 441). Belle ép. Elle est doublée.

298 — L'Homme au drapeau, d'ap. Raphaël (B. 481). Belle ép.

299 — Copie de la même estampe, par M. de Ravenne.

300 — Le jeune Héros près de l'autel (B. 483). Belle ép. avant l'adresse de Ant. Salamanque.

301 — Chapitaux et Bases de colonnes (B. 525, 526, 528, 529, 530 et 533). 6 p.

302 La Vie de la Vierge (B. 621 à 637). Suite de dix-sept estampes, d'ap. A. Durer. Adoration des Rois, d'ap. le même. 18 p.

303 **Rembrandt** (Van Rhyn). Rembrandt aux cheveux hérissés (B. 8). Cl. 8. Belle ép.

304 — Rembrandt avec l'écharpe autour du cou (B. 17). Belle ép.

305 — Rembrandt appuyé (B. 21. Cl. 24). Belle ép. Rognée.

306 — Abraham qui reçoit les trois anges (B. 29). Belle ép.

307 — Abraham avec son fils Isaac (B. 43, Cl. 39). Très-belle ép.

308 — La Circoncision (B. 47, Cl. 51). Très-belle ép. du 1er état avant divers travaux.

309 — Jésus-Christ au milieu des docteurs (B. 64, Cl. 68). Belle ép.

310 — Pierre et Jean à la porte du Temple (B. 94, Cl. 97). Superbe ép. du second état, tirée sur papier du Japon. Elle est signée au verso : P. Mariette, 1670.

311 — La même estampe. Belle ép.

312 — Le Persan (B. 152, Cl. 149). Belle ép.

313 — Gueux debout (B. 163, Cl. 160). Très-belle ép.

314 — Mendiants à la porte d'une maison (B. 176, Cl. 173). Très-belle ép.

315 — La même estampe.

316 — Le Paysage aux trois arbres (B. 212, Cl. 209). Très-belle ép. avec une petite marge.

347 **Rembrandt** (Van Rhyn). L'Homme au lait
(B. 213). Superbe ép. Très-rare.

318 — La Chaumière et la Grange à foin (B. 225,
Cl. 222). Superbe ép.

319 — L'Obélisque (B. 227, Cl. 228). Très-belle ép.
Collection W. Esdaile. *Tachée*

320 — La Chaumière entourée de planches (B. 232,
Cl. 229). Très-belle ép. Elle a de la marge.

321 — Jean Lutma (B. 276. Cl. 273.) Belle ép.

322 — Vieillard à grande barbe (B. 290. Cl. 287.)
Belle ép.

323 — Vieillard à la tête chauve (B. 298. Cl. 294.)
Sup. ép.

324 — Griffonnement, fragment du n° 368.

325 — L'Annonciation aux bergers, l'Ange qui dis-
paraît devant la famille de Tobie, Mendiants, etc.
7 p.

326 **Rubens et Jordaens** (D'ap.). La Vierge et
l'Enfant Jésus, la Flagellation, saint François
Xavier, le Satyre chez le paysan, etc. 5 p.

327 — Sujets mythologiques, Paysages, etc. 12 p.

328 **Ruysdaël** (J.). Paysages (B. 2 et 3).

329 **Salvage.** Anatomie du gladiateur combattant,
1 vol. in-fol. Bel exemp.

330 **Silvestre** (Is.). Vue de la galerie du Louvre et
du pont des Tuileries en 1657. Vues de Rome.
6 p.

331 **Schongauer** (M.). Le Christ au milieu de
six anges (B. 106 de l'appendice). Très-belle ép.

332 **Stoop** (D.). Cheval debout tenu par la bride
(B. 6). Très-belle ép. avant le numéro.

333 **Swanewelt** (H.). Diverses vues de Rome, suite de 13 estampes (B. 36 à 38). Très-belles ép. du 1ᵉʳ état avant l'adresse de Bonnart.

334 — Paysages ornés de satyres, suite de 4 estampes (B. 49 à 52). Très-belles ép. du 1ᵉʳ état avant l'adresse de Bonnart.

335 — Diverses Vues dedans et dehors de Rome. Suite de 13 estampes (B. 53 à 65). Très-belles ép. du 1ᵉʳ état avec *l'excudit.*

336 — 58 Doubles des nᵒˢ 54, 55 et 65. 4 p. du même état.

337 — Vue de l'isle Louvier, vue du palais d'Orléans du côté des Chartreux (B. 71 et 72). Très-belles ép.

338 — La petite Cascade (B. 80). Très-belle ép. avec *l'excudit.*

339 — La Montagne (B. 113). Belle ép. avec *l'excudit.*

340 — Paysages. 10 p.

341 **Tempesta** (A.). Statue de Cosme de Médicis, d'ap. Jean de Bologne. Henri IV à cheval. 2 p.

342 **Teniers** (D.). La Cuisine flamande. Très-belle ép.

343 — Paysans avec des perches. Belle ép. du 1ᵉʳ état.

344 **Van de Velde** (A.). Différents animaux (B. 1, 4, 7, 8 et 9). 5 p.

345 **Velde** (J. Van). Les Mois de l'année, les quatre éléments, etc. 18 p.

346 — Le jeune Stelion changé en lézard. Philemon et Baucis. 2 p. Belles ép.

347 **Vico** (E.). Joseph d'Arimathie soutenant le
corps mort de Jésus-Christ, d'ap. Raphaël.
Très-belle ép. du 1er état. *coupé en haut*

348 **Vleiger** (Simon de). Le Chien enchaîné (B. 20).
Sup. ép. du 1er état, avant le numéro et l'adresse
de J. Danckers. Très-rare.

349 **Waterloo** (A.). Le jeune Tobie et l'Ange (B.
134). Belle ép.

350 — Pays désert couvert de rochers (B. 74). Belle
ép. tirée sur papier à la folie.

351 **Witdoue** (J.). Sainte Cécile, d'ap. Rubens.
Très-belle ép.

———

352 — Portraits par Mellan, L. Gaultier, etc. 8 p.

353 — Promenade pittoresque à l'intérieur de Genève
par A. Fontanési. 20 pl. lithog.

354 — Essais et compositions lithographiées, par
C. Hesse. 12 p.

355 — Photographies, d'ap. Marc-Antoine et autres.
25 p.

356 Sous ce numéro il sera vendu plusieurs lots
d'estampes non cataloguées.

Renou et Maulde, imprimeurs de la Compagnie des Commissaires-Priseurs,
rue de Rivoli, 144.   1135

M. Tourguéneff 97, rue Lille

Lemoré 9?, rue Ducquet

9 782019 307325